1.-4. Schuljahr

Tobias & Nik Vonderlehr

Ganz einfache LESETEXTE für Erstleser & DaZ-Kinder

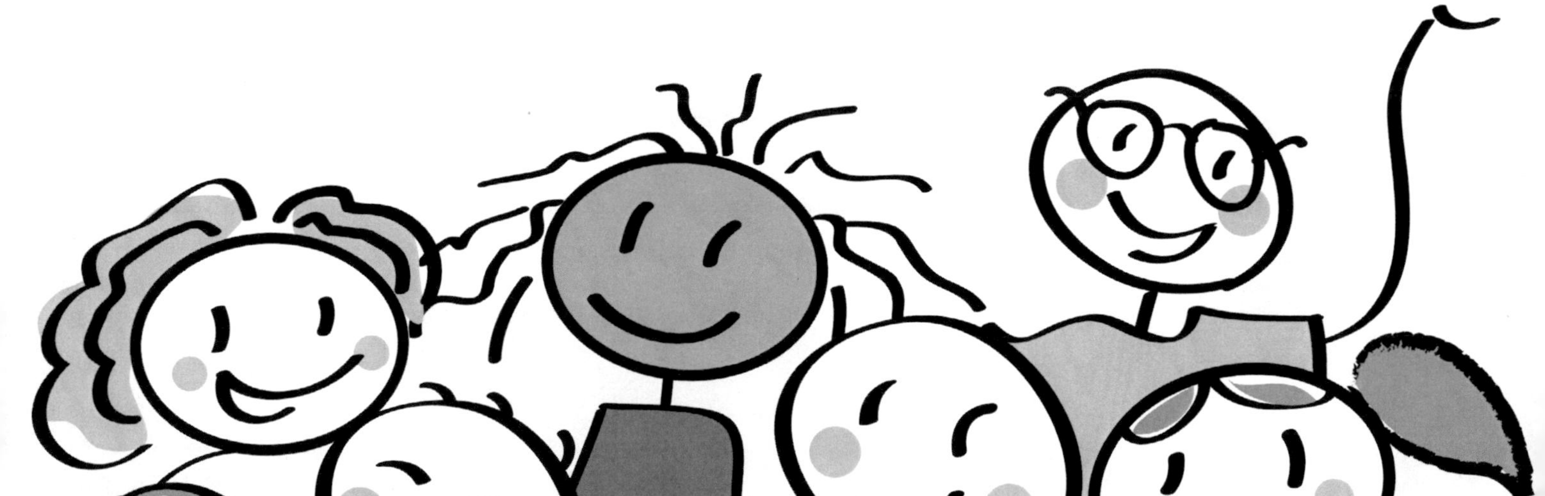

Kleine gut bewältigbare Portionen mit Mal- und Verständnisaufgaben

www.kohlverlag.de

Kurze Lesetexte für Erstleser

Einfache Texte in drei Niveaustufen

9. Auflage 2025

Inhalt: Tobias Vonderlehr & Nik Vonderlehr
Umschlagbild: © Trueffelpix - AdobeStock.com
Redaktion: Kohl-Verlag
Grafik & Satz: Simedia.de
Druck: Druckerei Flock, Köln

Bestell-Nr. 12 140

ISBN: 978-3-96040-309-8

Kontakt: Kohl-Verlag, An der Brennerei 37-45, 50170 Kerpen
Tel: +49 2275 331610, Mail: info@kohlverlag.de

Der vorliegende Band ist eine Print-Einzellizenz

Sie wollen unsere Kopiervorlagen auch digital nutzen? Kein Problem – fast das gesamte KOHL-Sortiment ist auch sofort als PDF-Download erhältlich! Wir haben verschiedene Lizenzmodelle zur Auswahl:

	Print-Version	PDF-Einzellizenz	PDF-Schullizenz	Kombipaket Print & PDF-Einzellizenz	Kombipaket Print & PDF-Schullizenz
Unbefristete Nutzung der Materialien	x	x	x	x	x
Vervielfältigung, Weitergabe und Einsatz der Materialien im eigenen Unterricht	x	x	x	x	x
Nutzung der Materialien durch alle Lehrkräfte des Kollegiums an der lizensierten Schule			x		x
Einstellen des Materials im Intranet oder Schulserver der Institution			x		x

Die erweiterten Lizenzmodelle zu diesem Titel sind jederzeit im Online-Shop unter www.kohlverlag.de erhältlich.

Inhalt

KOHL VERLAG Ganz einfache Lesetexte für Erstleser & DaZ-Kinder – Bestell-Nr. 12 140

Didaktik

Liebe Kolleginnen, liebe Kollegen,

in diesem Werk „Ganz einfache Lesetexte für Erstleser & DaZ-Kinder“ stehen den Lehrkräften, den Kindern des Lese- oder DaZ-Unterrichts sowie leseschwächeren Schülerinnen und Schülern eine umfangreiche Sammlung einfacher Lesetexte mit dazugehörigen Leseverständnisaufgaben zur Ausgestaltung des Unterrichts zur Verfügung.

Sie wurden bewusst so gestaltet, dass thematisch die Alltagssituation der Heranwachsenden in die Bearbeitung der Arbeitsblätter mit einfließt und entsprechend dargestellt wird, die sich aufgrund ihres biografischen Hintergrundes oftmals neu zurechtfinden müssen. In möglichst einfach gehaltener Sprache soll es ihnen ermöglicht werden, durch einen textlichen Einstieg in die sie umgebende Alltagswelt einzutauchen. Diese Materialien sind sowohl unterrichtliches Mittel zum Textverständnis, als auch zur Vermittlung von allgemeinbildendem Wissen mithilfe thematisch gebundener Texte. Gleichzeitig sollen die einzelnen Schriftstücke eine Orientierungshilfe für die Alltagswelt von DaZ-Kindern sein.

Die Texte sind thematisch gebunden und in einfach gehaltener Sprache verfasst. Sie sollen den Akt des Lesens und der Textaneignung trainieren und gleichzeitig allgemeinbildend wirken. Die Texte können im Plenum der Klasse, binnendifferenzierend, in einer Eins-zu-eins-Betreuung im Förderunterricht oder als Einzelarbeit eingesetzt werden. Ebenfalls ist eine Partnerarbeit in Form des wechselseitigen Vorlesens denkbar. Dies gilt auch für die dazugehörigen Aufgaben. Sie sind für Einzel-, Partner-, Gruppen- oder Plenumsarbeit einsetzbar. Die Texte können auch als Abschreibe- oder Diktattexte dienen. Hierbei wird die schriftsprachliche Ebene gefördert.

Viel Vergnügen und einen spannenden Unterrichtseinsatz bei der Verwendung dieser Unterrichtsmaterialien im DaZ- oder Förderunterricht wünschen Ihnen der Kohl-Verlag sowie die Autoren

Nik Vonderlehr und Tobias Vonderlehr

Spielplatz

Lena spielt mit ihrer Freundin Anna und ihrem Freund Ben auf dem Spielplatz. Lena hat lange blonde Haare und spielt jetzt mit Sand. Anna trägt einen rosa Pullover und sitzt auf der Schaukel. Annas Haare sind lang und braun. Ben trägt eine blaue Hose und einen roten Pullover. Seine Haare sind braun und er sitzt auf der Rutsche. Vor dem Sandkasten liegt ein roter Ball. Die Kinder haben viel Spaß beim Spielen. Sie freuen sich über das schöne Wetter. Der Himmel ist blau und die Sonne scheint. Der Spielplatz ist klein.

Aufgabe 1: *Mit welchen Spielsachen spielst du gern? Male sie auf ein Blatt Papier.*

Aufgabe 2: *Richtig oder falsch? Kreuze an (X).*

	richtig	falsch
Lenas Freundin heißt Lara.		
Ben sitzt auf der Rutsche.		
Ben hat blonde Haare.		
Der Ball ist weiß.		
Die Kinder spielen im Garten.		
Ben trägt eine blaue Hose.		
Anna sitzt auf der Schaukel.		
Ben hat einen schwarzen Pullover.		
Das Wetter ist schön.		
Die Sonne scheint nicht.		
Lena hat blonde Haare.		
Der Spielplatz ist groß.		

Aufgabe 3: *Was oder womit spielst du gern? Mit wem und wo spielst du gern? Schreibe in dein Heft / in deinen Ordner.*

KOHL VERLAG Ganz einfache Lesetexte für Erstleser & DaZ-Kinder – Bestell-Nr. 12 140

Im Zoo

Im Zoo gibt es viele Tiere zu sehen. Da gibt es Elefanten, Giraffen, Affen, Zebras, Löwen und viele andere Tiere. Der Zoo Sababurg in Hofgeismar ist sehr alt, fast 450 Jahre alt. Jetzt sind dort etwa 80 Tierarten zu Hause. Große Zoos gibt es in Frankfurt, Hamburg, Stuttgart, Berlin, Köln, Dresden, Hannover und Rostock. Außerdem gibt es auch viele Wildparks. In ihnen kannst du heimische Tiere anschauen. Du siehst dort unter anderem Hirsche, Rehe, Wildschweine, Füchse und Wölfe. Vielleicht gibt es ja auch einen solchen bei euch in der Nähe. Den kannst du vielleicht einmal mit deiner Schulklasse oder Familie besuchen. So kannst du die Tiere besser kennen lernen.

Aufgabe 1: *Male ein Tier oder ein Fantasietier in dein Heft.*

Aufgabe 2: *Welches Tier lebt in welchem Lebensraum? Ordne in die Tabelle ein:*

Stall • Vogel • Gehege • Kaninchen • Kuh •
Hütte • Löwe • Hund • Weide • Käfig

Tierart	Lebensraum

Aufgabe 3: *Schreibe mit je einem Wort aus der Tabelle einen sinnvollen Satz in dein Heft. So erhälst du zehn Sätze.*

KOHL VERLAG Ganz einfache Lesetexte für Erstleser & DaZ-Kinder ■ Bestell-Nr. 12 140

Arzt

Zum Arzt gehst du, wenn du krank bist. Der Arzt arbeitet in der eigenen Praxis, in einer Klinik oder in einem Krankenhaus. Es gibt verschiedene Ärzte: Kinderarzt, Hals-Nasen-Ohren-Arzt, Hautarzt oder Augenarzt. Hausärzte arbeiten in einer freien Praxis. Wenn du krank bist, gehst du zuerst zu einem Hausarzt oder zu einem Kinderarzt. Wenn du erkältet bist, hört er dich mit seinem Stethoskop ab, ob deine Lunge frei ist. Manchmal muss der Arzt auch Blut abnehmen. So kann er herausfinden, warum du krank bist. Er kann sich auch mit einem Gerät deine Organe auf einem Monitor ansehen. Dies nennt man Ultraschall. Bei einem Fuß- oder Beinbruch macht der Arzt ein Röntgenbild.

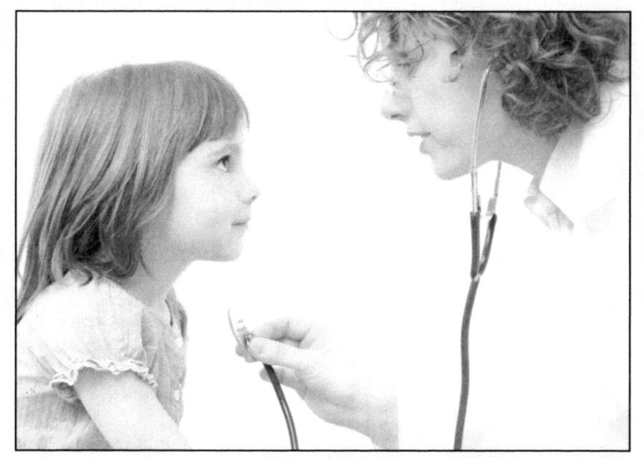

Aufgabe 1: *Male einen Arzt und seine Praxis.*

Aufgabe 2: *Verbinde die richtigen Satzteile.*

Er kann sich mit einem Gerät deine Organe ...	○	○	... Kinderarzt, Hautarzt, Hals-Nasen-Ohren-Arzt oder Augenarzt.
Wenn du erkältet bist, ...	○	○	... wenn du krank bist.
Es gibt verschiedene Ärzte: ...	○	○	... auf einem Monitor ansehen.
Zum Arzt gehst du, .	○	○	... hört er dich mit seinem Stethoskop ab.

Aufgabe 3: *Was behandelt ein Arzt? Wann warst du beim Arzt? Schreibe in dein Heft/in deinen Ordner.*

Supermarkt

In Deutschland gibt es viele verschiedene Supermärkte. Dort gibt es verschiedene Dinge zu kaufen, die wir jeden Tag brauchen. Du kannst dort Obst, Gemüse und Salat, Fleisch, Wurst, Käse, Milch, Joghurt, Eis, Brot, Konserven, Reis, Kekse, Getränke, Zeitungen und viele andere Sachen kaufen. Wenn du viel einkaufen willst, nimm dir einen Einkaufswagen. Mit dem Einkaufswagen gehst du zur Kasse und legst daraus alle Produkte auf das Band. Die Kassiererin scannt deine Ware. Du gibst ihr das Geld und packst alles in deine Tasche oder Tüte. Dann hast du deinen Einkauf erledigt.

Aufgabe 1: *Male das Bild aus.*

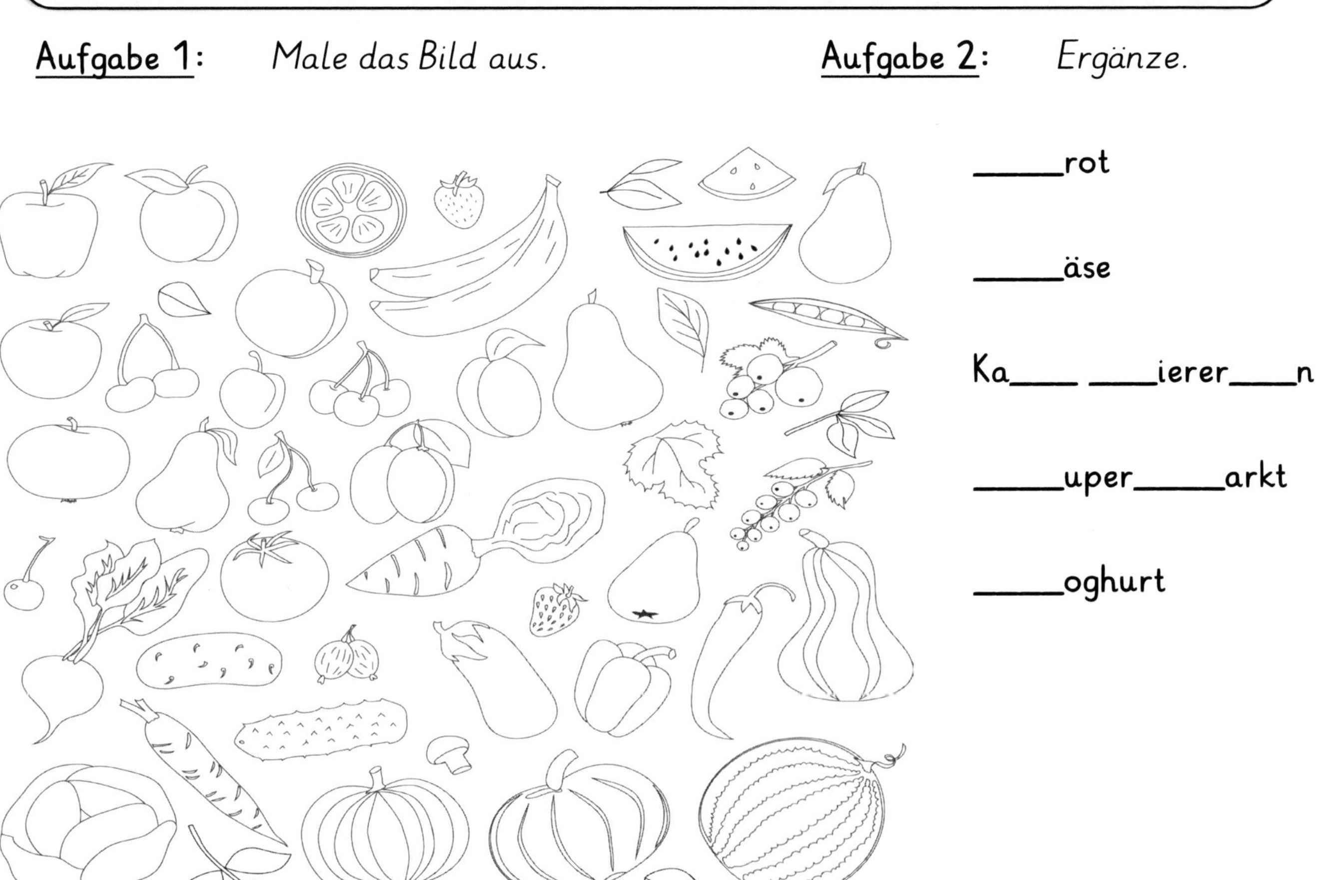

Aufgabe 2: *Ergänze.*

_____rot

_____äse

Ka____ ____ierer____n

_____uper_____arkt

_____oghurt

Aufgabe 3: *Was kann man in einem Supermarkt kaufen? Finde 10 Lebensmittel und 10 sonstige Dinge und schreibe sie auf.*

KOHL VERLAG Ganz einfache Lesetexte für Erstleser & DaZ-Kinder – Bestell-Nr. 12 140

Silvester

Silvester ist am 31. Dezember, dem letzten Tag des Jahres. Viele feiern zu Hause. Manche Menschen besuchen auch große Feiern. Die größte Party in Deutschland findet in Berlin statt. Um 24:00 Uhr beginnt ein großes Feuerwerk. So begrüßen die Menschen das neue Jahr. Das Feuerwerk ist sehr schön, aber auch sehr laut. Hunde, Katzen und auch andere Tiere haben meist große Angst vor dem Feuerwerk. Die Menschen wünschen sich Glück und Gesundheit für das neue Jahr.

Aufgabe 1: *Male das Silvesterbild aus.*

Aufgabe 2: *Ergänze.*

Sil____e____t____r

____ngst

F____u____rw____rk

J____hr

Ka____zen

D____z____mb____r

Aufgabe 3: *Beschreibe den letzten Tag des Jahres in deiner Familie. Schreibe in dein Heft / in deinen Ordner.*

Ganz einfache Lesetexte für Erstleser & DaZ-Kinder – Bestell-Nr. 12 140
KOHL VERLAG

Bahnhof

Schau dir dieses große Gebäude an. Das ist ein Bahnhof. Viele Menschen laufen umher. Sie wollen mit einem Zug wegfahren oder kommen gerade an. Auf dem Bahnhof hängt oft eine sehr große Uhr. Es gibt auch ein paar Kioske. Dort kann man etwas zum Essen oder Trinken, ein Buch oder eine Zeitung kaufen. Es gibt die schnellen weißen ICE-Züge und die roten langsameren Doppeldeckerzüge. Manchmal sieht man auch Güterzüge am Bahnhof. Sie haben keine Fenster und transportieren Sand, Kohle, Benzin, Autos und andere Güter.

Aufgabe 1: *Male den Zug aus.*

Aufgabe 2: *Setze das passende Wort ein:*

In dem Text geht es um einen B____________

Die roten Züge sind oft l____________

Auf dem Bahnhof hängt oft eine große U____________

Aufgabe 3: *Finde hier 6 Wörter aus dem Text.*

KOHL VERLAG • Ganz einfache Lesetexte für Erstleser & DaZ-Kinder • Bestell-Nr. 12 140

Advent

Die Adventszeit ist eine Zeit vor Weihnachten. Sie dauert genau vier Wochen. Der Advent soll auf Weihnachten vorbereiten. Viele Menschen haben dann zu Hause einen grünen Kranz auf ihrem Tisch. Auf dem Kranz stehen vier Kerzen. Jeden Sonntag vor Weihnachten zündet man eine weitere Kerze an. Kinder haben oft auch einen Adventskalender, um sich die Wartezeit bis Heiligabend zu verkürzen. An jedem Tag öffnet man ein Türchen. Hinter dem Türchen ist ein kleines Stück Schokolade oder ein Bild. Kinder freuen sich sehr darüber.

Aufgabe 1: *Male einen Adventskranz mit vier brennenden Kerzen.*

Aufgabe 2: *Ergänze Wörter aus dem Text:*

A______________________zeit

A_______________________________lender

W__________________________ten

K______ze

K____z

S________tag

S_____________ade

Aufgabe 3: *Feiert ihr in eurer Familie auch die Adventszeit? Wenn ja, wie feiert ihr? Wenn nein, warum feiert ihr nicht? Schreibe in dein Heft/in deinen Ordner.*

KOHL VERLAG Ganz einfache Lesetexte für Erstleser & DaZ-Kinder – Bestell-Nr. 12 140

Bäcker

Ein Bäcker backt jeden Tag Brot. Er backt aber auch kleinere Brötchen, Brezeln und süße Teilchen, zum Beispiel Berliner. Diese schmecken besonders lecker. Für das Brot vermischt der Bäcker Mehl, Wasser, Hefe und Salz zu einem guten Teig. Dann legt er den Teig in die Form und backt das Brot im heißen Ofen. Nach etwa 45 Minuten kann der Bäcker seine noch heißen Brote aus dem Ofen holen. Es riecht nun in der ganzen Backstube herrlich nach frischem Brot.

Aufgabe 1: *Male die Backwaren aus.*

Aufgabe 2: *Kennst du das Lied „Backe, backe Kuchen"? Was braucht der Bäcker für einen Kuchen? Das Lied hilft dir:*

____

____

____

Backe, backe Kuchen.
Der Bäcker hat gerufen.
Wer will guten Kuchen backen,
der muss haben sieben Sachen:
Eier und Schmalz, Butter und Salz.
Milch und Mehl.
Safran macht den Kuchen gehl.

Aufgabe 3: *Welche Backwaren kennst du? Welche magst du besonders. Schreibe hier auf.*

____

____

____

Fahrrad

Tim hat ein Fahrrad. Es ist neu. Tim schaut es sich genau an.
Ein Sattel, ein Lenker, zwei Räder – alles da. Die Bremsen findet Tim auch gleich, sie sind vorne am Lenker.
Die Klingel hängt auch am Lenker. An den Speichen gibt es zwei Reflektoren. Man nennt sie auch Katzenaugen. Sie sind wichtig, denn andere Menschen und Autofahrer können Tim damit gut sehen. Sein Fahrrad hat auch zwei Leuchten. Eine Leuchte vorne und eine hinten.

Aufgabe 1: *Male das Fahrrad aus.*

Aufgabe 2: *Finde den Weg zu Tims Fahrrad. Verbinde die Wörter, die zum Begriff „Fahrrad" gehören:*

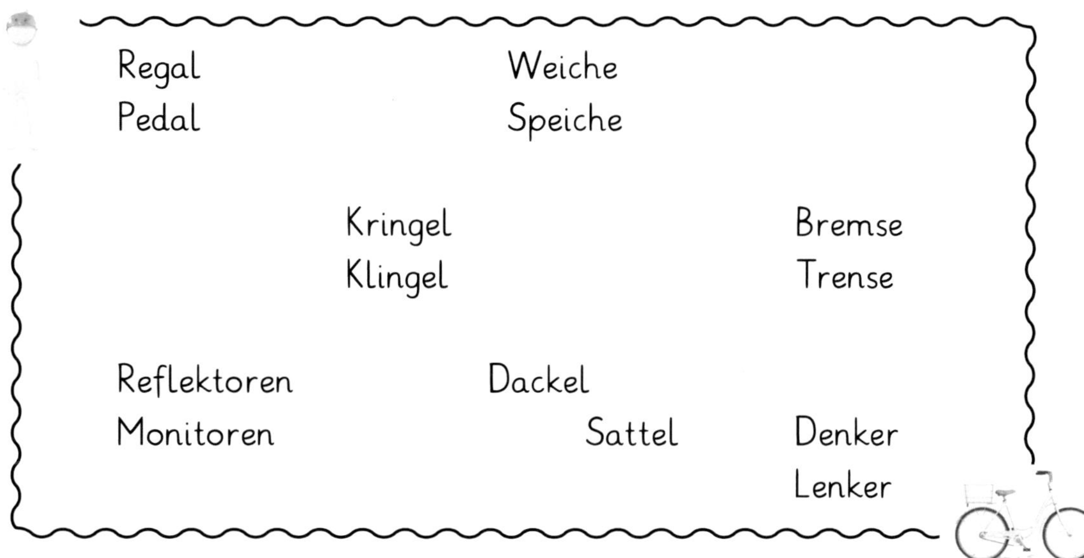

Aufgabe 3: *Stell dir vor, du machst eine Fahrradtour. Was könntest du auf dieser Tour erleben? Nenne vier Stichwörter und schreibe dazu eine kurze Geschichte in dein Heft.*

______________________ ______________________

______________________ ______________________

KOHL VERLAG Ganz einfache Lesetexte für Erstleser & DaZ-Kinder – Bestell-Nr. 12 140

Jahreszeiten

Es gibt vier Jahreszeiten. Sie heißen: Frühling, Sommer, Herbst und Winter. Im Frühling blühen die ersten Blumen. Die Bäume werden grün. Im Sommer ist es bei uns oft sehr warm, im Juli sogar heiß. Alle Bäume sind grün. Es gibt viele Blumen überall. Im Garten werden Tomaten und Gurken reif. Im Sommer sind die Tage sehr lang. Die Bäume sind voller Blätter. Im Herbst wird das Laub der Bäume rot und gelb. Im November fällt es ab. Im Winter ist es hier sehr kalt. Die Tage sind kurz und es ist schon früh dunkel. Die Bäume und Straßen werden weiß vom Schnee.

Aufgabe 1: *Male in jedes Feld eine der vier Jahreszeiten.*

Aufgabe 2: *Ordne zu:*

Frühling	○	○	rote und gelbe Blätter
Sommer	○	○	kurze Tage
Herbst	○	○	erste Blumen
Winter	○	○	lange, heiße Tage

Aufgabe 3: *Welche Jahreszeit magst du am liebsten? Warum? Schreibe in dein Heft.*

KOHL VERLAG Ganz einfache Lesetexte für Erstleser & DaZ-Kinder • Bestell-Nr. 12 140

Feuerwehr

Tobi mag die tollen, roten Feuerwehrautos. Er will bei der Feuerwehr arbeiten, wenn er groß ist. Wie sein Papa. Er hilft allen, wenn sie in Not sind. Er rettet Menschen und Tiere, wenn ein Haus brennt oder hilft bei einem Autounfall. Wenn jemand in Gefahr ist, ruft er gleich die Nummer der Feuerwehr an: 112. Manchmal zieht Tobi Papas Uniform an. Auf dem Kopf trägt er dann einen Helm. Die Hose und auch die Jacke sind schwarz mit gelben Streifen. Diese Ausrüstung braucht ein Feuerwehrmann. So ist er in seinem gefährlichen Beruf gut geschützt.

Aufgabe 1: *Male die Uniform eines Feuerwehrmannes in dein Heft.*

Aufgabe 2: *Was macht ein Feuerwehrmann bei seiner Arbeit? Wo zum Beispiel rettet er Leute und Tiere?*

Aufgabe 3: *Was willst du später einmal arbeiten? Schreibe auf.*

KOHL VERLAG Ganz einfache Lesetexte für Erstleser & DaZ-Kinder – Bestell-Nr. 12 140

Buchdruck

Johannes Gutenberg erfand im Jahr 1450 in Mainz den Buchdruck. So konnte man viele Texte in kurzer Zeit drucken. Früher schrieben die Menschen alle Bücher mit der Hand ab. So entstand die „Kopie" des Buches. Besonders Mönche in Klöstern waren Spezialisten dafür. Diese Arbeit dauerte sehr lange und die Bücher waren sehr teuer. Als erstes druckte Gutenberg eine Bibel. So konnten viele Leute die Bibel zu Hause lesen.

Aufgabe 1: *Male die Schmuckbuchstaben aus.*

Aufgabe 2: *Ordne richtig zu:*

Johannes Gutenberg ...	○	○	... alle Bücher mit der Hand ab.
Früher schrieben die Menschen ...	○	○	... erfand den Buchdruck.
Als erstes druckte Gutenberg ...	○	○	... eine Bibel.

Aufgabe 3: *Schreibe die Sätze aus Aufgabe 2 in dein Heft.*

Bäume

Es gibt Nadel- und Laubbäume. Zu den Nadelbäumen gehören Tannen, Fichten und Kiefern. Sie haben spitze Nadeln an ihren Ästen und bilden eine klebrige und zähe Flüssigkeit – das Harz. Es dient vielen Insekten und anderen Tieren als Nahrung. Laubbäume haben Blätter. Diese sind rund, oval oder mit Zacken. Laubbäume sind zum Beispiel Birken, Buchen, Eichen und auch Obstbäume. Im Herbst werfen die Laubbäume ihre Blätter ab. Die meisten Nadelbäume werfen ihre Nadeln nicht ab.

Aufgabe 1: *Male einen Nadelbaum und einen Laubbaum in dein Heft.*

Aufgabe 2: *Ordne die Bäume richtig zu:*

Tanne • Kirschbaum • Eiche • Eibe
Kiefer • Fichte • Apfelbaum • Birke • Zeder

Nadelbaum	Laubbaum

Aufgabe 3: *Stell dir vor, ein Nadel- und ein Laubbaum unterhalten sich. Was könnten sie sich erzählen?*

KOHL VERLAG Ganz einfache Lesetexte für Erstleser & DaZ-Kinder – Bestell-Nr. 12 140

Bauernhof

Auf einem Bauernhof ist immer viel los. Oft gibt es mehrere Gebäude: das Wohnhaus der Bauernfamilie, Ställe für die Tiere und ein Lager für Vorräte. Es gibt auch große Hallen für die Traktoren, Geräte und Anhänger. Einige Bauernhöfe haben auch Kuhställe oder Schweineställe. Manche Bauern haben aber auch keine Tiere. Sie bauen Getreide, Obst oder Gemüse an. Auf dem Bauernhof leben oft ein Hund und eine Katze. Viele Bauernhöfe verkaufen frische Produkte wie Milch, Käse, Wurst, Eier, Kartoffeln, Tomaten und anderes Gemüse und Obst in einem Hofladen.

Aufgabe 1: *Male den Bauernhof aus. Male noch einige Tiere dazu.*

Aufgabe 2: *Nenne einige Bauernhoftiere.*

Aufgabe 3: *Zähle mindestens drei Dinge auf, die ein Bauer auf seinem Bauernhof machen muss. Er muss ...*

KOHL VERLAG Ganz einfache Lesetexte für Erstleser & DaZ-Kinder • Bestell-Nr. 12 140

Lehrer

Der Lehrerberuf ist der schönste Beruf der Welt. Das sagen zumindest viele Lehrer. Und die müssen es ja wissen. Kindern Wissen zu vermitteln ist eine tolle Arbeit. Lehrer helfen den Schülern lesen, schreiben und rechnen zu können. Erwachsene geben also ihr Wissen an die jungen Menschen weiter. So lernen Kinder die Welt kennen und verstehen. Lehrer freuen sich, wenn Kinder mit Freude zur Schule gehen und sich für Neues interessieren.

Aufgabe 1: *Wie sollte ein Lehrer deiner Meinung nach sein? Schreibe auf die Linien.*

____

____

____

Aufgabe 2: *Hier ist das Bild einer Schulstunde aus dem 19. Jahrhundert. Was war anders im Vergleich zu heute?*

____

____

____

____

Aufgabe 3: *Was ist dein Lieblingsfach in der Schule? Antworte in einem vollständigen Satz.*

____

KOHL VERLAG Ganz einfache Lesetexte für Erstleser & DaZ-Kinder – Bestell-Nr. 12 140

Busfahrt

Die Klasse 2a fährt heute mit dem Bus ins Theater in die Stadt. Jeder Schüler gibt der Lehrerin das Geld für die Busfahrkarten. Die Lehrerin gibt dem Busfahrer das eingesammelte Geld. Alle steigen in den Bus ein und der Bus fährt los. Die Fahrt macht den Kindern viel Spaß. Nach einiger Zeit hält der Bus vor dem Eingang des Theaters. Die Kinder steigen lachend aus. Das Theaterstück ist interessant und lustig. Danach gehen sie zur Haltestelle und fahren nach Hause.

Aufgabe 1: *Male deine Freunde und dich in die Fenster des Busses.*

Aufgabe 2: *Wie heißen die folgenden Wörter?*

	Fahrer	= Busfahrer
	Reise	=
Bus +	Fahrt	=
	Haltestelle	=
	Linie	=

Aufgabe 3: *Schreibe jeweils einen Satz mit den Wörtern aus Aufgabe 2 in dein Heft.*

Rufus, das Raubtier

Mein Opa fragt mich: „Weißt du, dass unser Rufus von den Wölfen abstammt?" Rufus ist unser Hund. Er schläft gern auf einer Decke neben dem Sofa. Ich glaube es Opa nicht. „Ja, klar, und die Verwandten unserer Katze Lilly sind die Löwen." Ich lache laut auf. Opa ist ernst und antwortet nur: „Genau!" Er nimmt meine Hand und geht mit mir an den Computer. „Hier steht es auch!", sagt er. Er erklärt weiter: „Eigentlich sind Hunde und Katzen Raubtiere." „Nicht schlecht", sage ich, „ich wusste gar nicht, dass ich ein Raubtier habe." Wir lachen gemeinsam.

Aufgabe 1: *Male einen Hund, eine Katze, einen Wolf und einen Löwen.*

Aufgabe 2: *Löse das Rätsel.*

a) So heißt der Hund in der Geschichte: __ __ __ __ s

b) Lilly ist eine __ __ t __ __ .

c) Hunde und Katzen sind R __ __ __ __ __ __ __ __ __

Aufgabe 3: *Markiere die Begriffe zum Hund in der gleichen Farbe. Verbinde die Wörter, die man für einen Hund verwendet, mit den Körperteilen eines Menschen.*

Mund Schnauze Maul Nase

Füße Haare Fingernägel Fell

Pfoten Krallen

KOHL VERLAG Ganz einfache Lesetexte für Erstleser & DaZ-Kinder – Bestell-Nr. 12 140

Schule

Es gibt verschiedene Schulen. Die Grundschule kennst du schon – diese besucht man von der ersten bis zur vierten Klasse. Danach geht man noch in eine Gesamtschule, Hauptschule, Realschule oder in ein Gymnasium. Die Hauptschule besucht man nach der Grundschule noch 5 Jahre. Die Realschule 6 Jahre und das Gymnasium 8 bis 9 Jahre. Eine Schule hat viele Schüler. Dort arbeiten auch viele Lehrer. Außerdem arbeitet hier ein Hausmeister. Wenn in der Schule etwas kaputt geht, repariert er das. Er hält auch den Hof der Schule sauber. In der Schule gibt es auch ein Sekretariat. Hier arbeitet eine Sekretärin. Sie muss täglich viel telefonieren und Briefe schreiben. In großen Schulen gibt es auch einen Schulkiosk oder eine Schulküche.

Aufgabe 1: *Male euer Klassenzimmer in dein Heft.*

Aufgabe 2: *Schreibe drei Sätze über eure Schule in dein Heft.*

Aufgabe 3: *Kreuze an.*

	JA	NEIN
Es gibt verschiedene Schulen.		
In die Realschule geht man noch 6 Jahre nach der Grundschule.		
Ein Hausmeister kocht das Essen in der Schulküche.		

KOHL VERLAG Lernen mit Erfolg Ganz einfache Lesetexte für Erstleser & DaZ-Kinder • Bestell-Nr. 12 140

Tomatenaufzucht

Tomaten kannst du selbst im Garten pflanzen. Nimm eine große Schale und fülle sie mit Erde. Dann drücke die Tomatensamen in die Erde leicht ein. Bedecke sie ganz dünn mit Erde und feuchte sie an. Nach 10-14 Tagen kommen die ersten Pflanzen bei einer Temperatur von 20-24 Grad Celsius. Innerhalb von 2 Wochen werden sie groß. Jetzt musst du sie einzeln aus der Schale nehmen und in größere Töpfchen setzen. Mitte Mai kann man die Pflänzchen in den Garten setzen. Nun wachsen die Pflanzen und bekommen gelbe Blüten. Dann wird aus der Blüte eine kleine grüne Frucht. Sie wird nach einigen Wochen rot und ist dann reif. Jetzt kannst du deine eigenen Tomaten ernten und essen.

Aufgabe 1: *Male die Tomaten aus.*

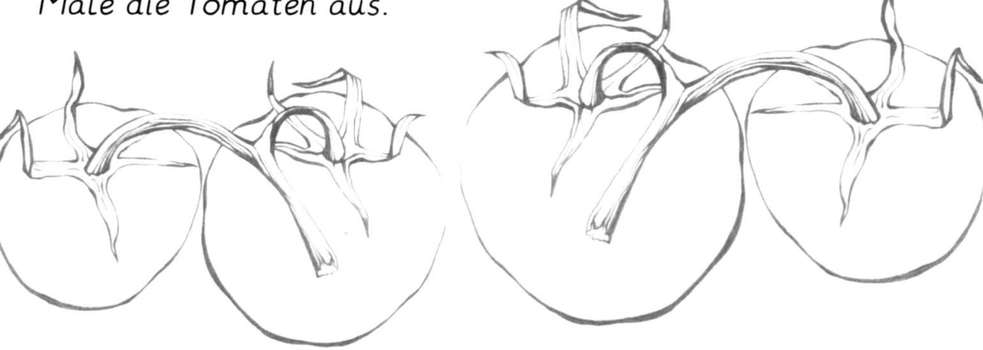

Aufgabe 2: *Richtig oder falsch? Kreuze an (X).*

	Richtig	Falsch
Tomatenpflanzen kommen nach fünf Tagen.		
Die Pflanzen kannst du schon im März in den Garten setzen.		
Aus den Blüten entwickeln sich die Tomaten.		

Aufgabe 3: *Sät etwas in einem Blumenkasten in eurer Klasse oder zuhause aus. Besonders Kresse oder Bohnen sind sehr interessant zu beobachten.*

Weihnachten

Am 24. Dezember ist Heiligabend. An diesem Abend feiern die Christen die Geburt von Jesus Christus. Viele Familien gehen an diesem Abend in die Kirche. Abends gibt es dann leckeres Essen: Ente, Pute oder Gans oder Würstchen mit Kartoffelsalat. Die ganze Familie sitzt gemütlich zusammen. Auch am 1. und 2. Weihnachtsfeiertag gibt es leckere Gerichte. An Weihnachten machen sich die Menschen kleine Geschenke. Am 1. und 2. Weihnachtsfeiertag besuchen sich die Familien gegenseitig. Sie verbringen eine schöne gemeinsame Zeit.

Aufgabe 1: *Male einen schön geschmückten Tannenbaum.*

Aufgabe 2: *Kreuze an.*

	JA	NEIN
Am 6. Dezember ist Heiliger Abend.		
Zu Weihnachten gibt es Geschenke für die Kinder.		
Es gibt einen 1. und einen 2. Weihnachtsfeiertag.		

Aufgabe 3: *Beschreibe deinen gemalten Tannenbaum. Schreibe in dein Heft/in deinen Ordner.*

KOHL VERLAG Ganz einfache Lesetexte für Erstleser & DaZ-Kinder ■ Bestell-Nr. 12 140

Katzen

Katzen stammen von den großen Raubkatzen (Löwen und Tigern) ab. Es gibt verschiedene Katzenarten oder -rassen. Es gibt etwa 40 Katzenrassen, zum Beispiel, Siamkatzen und Perserkatzen. Alle Katzen können im Dunkeln problemlos sehen. Sie haben sehr gut ausgebildete Augen. Deswegen sind sie tolle Jäger in der Dunkelheit. Katzen jagen gerne Vögel und Mäuse. Katzen schlafen sehr viel. Eine erwachsene Katze bringt zwei- bis dreimal im Jahr ihre Katzenbabys zur Welt. Jedes Mal sind es 3-5 Kätzchen. 7 Tage nach der Geburt öffnen Katzenbabys ihre Augen. Sie können aber noch nicht gut sehen. Eine Katze wird etwa 15 Jahre alt. Über Katzen wurden auch einige Filme, Zeichentrickfilme und Comics erstellt.

Aufgabe 1: *Male die Katze aus.*

Aufgabe 2: *Beantworte die Fragen.*

	JA	NEIN
Katzen stammen von den Löwen und Tigern ab.		
Katzen können im Dunkeln sehr gut sehen.		
Katzen werden etwa 5 Jahre alt.		

Aufgabe 3: *Suche im Internet nach Fotos verschiedener Katzenarten. Klebe sie in dein Heft und beschrifte sie.*

KOHL VERLAG Ganz einfache Lesetexte für Erstleser & DaZ-Kinder – Bestell-Nr. 12 140

Pfannkuchen

Meine Freundin ist zu Besuch. Wir backen zusammen Pfannkuchen. In eine Schüssel geben wir einen halben Liter Milch, 4 Eier, 300 Gramm Mehl, einen Teelöffel Salz und etwas Öl. Jetzt verrühren wir alles zu einem Teig. Manchmal fügen wir noch 2 Esslöffel Zucker bei, dann werden die Pfannkuchen süß. Meine Freundin stellt eine Pfanne auf den Herd, gibt ein wenig Öl und einen großen Löffel Teig hinein. Wenn der Teig von der einen Seite goldbraun ist, wendet sie ihn. Dann wird er von der anderen Seite gebacken. Nun ist der leckere Pfannkuchen fertig. Selbstgemacht schmecken sie besonders gut.

Aufgabe 1: *Male dein Lieblingsessen auf den Teller.*

Aufgabe 2: *Kreuze an.*

	JA	NEIN
Für den Teig brauchen wir 3 Teelöffel Salz.		
In den Teig muss Öl.		
Der Teig wird von beiden Seiten gebacken bis er goldbraun ist.		

Aufgabe 3: *Suche in einem Kochbuch nach einem tollen Rezept und schreibe es in dein Heft. Vielleicht könnt ihr ja ein kleines Klassenkochbuch erstellen.*

KOHL VERLAG Ganz einfache Lesetexte für Erstleser & DaZ Kinder – Bestell-Nr. 12 140

Auto

Früher gab es keine Autos. Die Menschen fuhren in Pferdekutschen. Das erste Automobil mit einem Benzinmotor baute man im Jahr 1886 in Deutschland. Der Erfinder war Carl Benz. Die ersten Autos waren langsam. Heute gibt es sehr schnelle Autos. Sie sehen jetzt auch vollständig anders aus. Wer ein Auto fahren will, muss in die Fahrschule gehen. Dort lernt man das Autofahren und die Regeln des Verkehrs auf der Straße. Wenn man die Fahrprüfung dann bestanden hat, bekommt man einen Führerschein. Jetzt darf man ein Auto fahren. Den Führerschein für ein Auto kannst du in Deutschland mit 17 Jahren machen.

Aufgabe 1: *Male den Oldtimer aus.*

Aufgabe 2: *Richtig oder falsch? Kreuze an (X).*

	Richtig	Falsch
Wer ein Auto fahren will, muss in die Fahrschule gehen.		
Die ersten Autos waren schnell.		
Das erste Automobil mit einem Benzinmotor baute man 1886.		

Aufgabe 3: *Jedes Auto hat ein Kennzeichen. Die ersten Buchstaben stehen für eine Stadt oder einen Landkreis, in dem es angemeldet ist. Welche KFZ-Kennzeichen und deren Städte oder Landkreise kennst du?*

Flughafen

Ein Flughafen ist ein Ort, wo viele Flugzeuge starten und landen. Es gibt viele Flughäfen in der ganzen Welt. In Deutschland ist der größte Flughafen in Frankfurt am Main. Mehr als 90 Flugzeuge am Tag landen und fliegen hier ab. Auf dem Flughafen Frankfurt am Main arbeiten rund 80.000 Menschen. Auf einem Flughafen ist sehr viel los. In der Nacht aber dürfen hier keine Flieger landen oder starten.
Auf dem Flughafen Frankfurt am Main gibt es mehrere Start- und Landebahnen. An vielen Flughäfen gibt es große „Garagen" für Flugzeuge – die Hangars. Wenn es nötig ist, werden die Flugzeuge dort repariert.

Aufgabe 1: *Male das Flugzeug an.*

Aufgabe 2: *Richtig oder falsch? Kreuze an (X).*

	Richtig	Falsch
Der Flughafen Frankfurt am Main ist der kleinste in Deutschland.		
Auf dem Flughafen Frankfurt am Main arbeiten 100 Menschen.		
In der Nacht dürfen keine Flieger landen oder starten.		

Aufgabe 3: *Warst du schon einmal an einem Flughafen?*
Was findest du dort am spannendsten? Schreibe ins Heft.

KOHL VERLAG Ganz einfache Lesetexte für Erstleser & DaZ-Kinder – Bestell-Nr. 12 140

Bienenhonig

Die meisten Bienen leben in einem Bienenstock. Dort produzieren sie Honig. Die Bienen sammeln Nektar von den verschiedenen Blüten. Sie bringen ihn in den Bienenstock und geben noch körpereigene Stoffe zu dem Nektar hinzu. Der Nektar reift einige Zeit im Bienenstock. Der Imker nimmt die Waben später aus dem Bienenstock und legt sie in eine Maschine zum Schleudern. Aus der Maschine fließt nun der Honig heraus. Es gibt viele verschieden Sorten von Honig: Blütenhonig, Rapshonig, Akazienhonig, Waldhonig und noch viele mehr. In einem Bienenstock leben bis zu 40.000 Bienen.

Aufgabe 1: *Male eine Biene in das Bild.*

Aufgabe 2: *Beantworte die Fragen.*

	JA	NEIN
Es gibt verschiedene Honigsorten.		
Bienen sammeln Nektar.		
Der Honig fließt beim Schleudern aus den Waben.		

Aufgabe 3: *Schaue im Internet nach, was man aus Honig oder Wachs herstellen kann. Schreibe in dein Heft.*

KOHL VERLAG Ganz einfache Lesetexte für Erstleser & DaZ-Kinder – Bestell-Nr. 12 140

Der Verkehrspolizist

Manchmal fällt eine Verkehrsampel aus. Schnell entsteht Chaos auf den Straßen. Dann muss ein Verkehrspolizist den Verkehr an einer Kreuzung regeln. Er gibt den Fahrern Zeichen, wie und wann sie fahren dürfen. Manchmal halten sich nicht alle daran. Dann muss er auch einmal streng sein und vergibt Strafzettel. Manche Autofahrer wissen nicht, was die Zeichen des Verkehrspolizisten bedeuten. Dabei kann man sich dies als Hilfe merken: „Siehst du des Polizisten Brust oder Rücken, musst du deine Bremse drücken." Das kannst du jetzt sicher gut behalten.

Aufgabe 1: *Male den Verkehrspolizisten mit seiner Kleidung aus.*

Aufgabe 2: *Schreibe alle Fahrzeuge aus dem Schlangenwort in dein Heft.*

Aufgabe 3: *Erzähle eine Geschichte aus der Sicht eines Verkehrspolizisten. Schreibe in dein Heft. Verwende folgende Begriffe.*

• Unfall	• Kreuzung	• hupen	• Verletzte	• unter Schock

KOHL VERLAG Ganz einfache Lesetexte für Erstleser & DaZ Kinder • Bestell-Nr. 12 140

Endlich Urlaub!

Es sind bald Sommerferien. Meine Familie und auch ich freuen uns auf einen schönen Urlaub am Strand. Meine Mama setzt sich an den Computer. Sie schaut im Internet, wohin wir fahren könnten. Ich schaue ihr über die Schulter. Toll, ein Hotel schöner als das andere ... Mama schaut ganz genau die Fotos an und liest die Texte. Jetzt wissen wir es: Wie fahren nach Italien in ein Familienhotel. Mama bucht zwei Hotelzimmer. Eines für meine Eltern, das andere für meine Schwester Lotte und mich. Wir freuen uns schon auf unseren Urlaub!

Aufgabe 1: *Male das Bild aus.*

Aufgabe 2: *Wo würdest du gerne deinen Urlaub verbringen? Begründe. Schreibe in dein Heft.*

Aufgabe 3: *Schreibe eine Urlaubsgeschichte mit diesen Wörtern in dein Heft.*

- Flug
- Berge
- Schnee

KOHL VERLAG Ganz einfache Lesetexte für Erstleser & DaZ-Kinder – Bestell-Nr. 12 140

Bank

Wenn meine Mutter einkaufen gehen muss, zählt sie zuhause ihr Geld. Dann sagt sie manchmal: „Ich muss zur Bank." Die Bank ist ein Gebäude, in dem Menschen sich um das Geld anderer Leute kümmern. Wer viel Geld hat, kann es auch zur Bank bringen. Da kann man das Geld auf einem Konto sicher „aufbewahren". Dafür bekommt man dann Zinsen – ein Geldgeschenk von der Bank. Wenn man Geld auf seinem Konto hat, kann man es abheben. Will man ein Haus bauen oder ein Auto kaufen, so kann man auch einen Kredit beantragen. Das bedeutet, dass man sich Geld von der Bank gegen eine Gebühr leiht.

Aufgabe 1: *Male das Sparschwein an.*

Aufgabe 2: *Nenne Dinge, für die man oft etwas länger sparen muss.*

____

____

____

____

____

____

Aufgabe 3: *Hast du einen Wunsch, auf den du im Moment sparst? Begründe. Schreibe in dein Heft.*

KOHL VERLAG Ganz einfache Lesetexte für Erstleser & DaZ-Kinder ■ Bestell-Nr. 12 140

Radio

Morgens, nachdem ich aufgestanden bin, gehe ich in die Küche und mache mir einen Kaffee. Danach gehe ich in die eine Ecke der Küche, in der ein schwarzer, etwas größerer Kasten steht – das Radio. Ich schalte es ein und höre Musik. Ich mag es einfach sehr, beim Hören der Radiomusik meinen Tag zu beginnen. Im Radio werden oft die neuesten Nachrichten gesendet. So weiß ich immer, was in der Welt passiert. Manchmal kommen auch Berichte über interessante Themen im Radio. Ich bekomme Informationen über Konzerte und Sportereignisse. Manchmal läuft auch Werbung. Die Leute, die dort Gespräche und Interviews führen, heißen Moderatoren. Es gibt viele Radiosender. Einige spielen eher Musik für junge, andere für ältere Menschen. Probier's mal aus! Sicher findest du einen Radiosender, der dir gefällt.

Aufgabe 1: *Male das Radio an.*

Aufgabe 2: *Welche Wörter werden gesucht?*

Radio +	Moderator	= Radiomoderator
	Sender	=
	Sendung	=
	Werbung	=
	Programm	=

Aufgabe 3: *Stell dir vor, du bist ein Radiomoderator. Mit wem möchtest du ein Gespräch führen? Welche Fragen stellst du?*

KOHL VERLAG Ganz einfache Lesetexte für Erstleser & DaZ-Kinder – Bestell-Nr. 12 140

Lösungen Seite 5 Spielplatz

Aufgabe 1: individuelle Lösungen

Aufgabe 2:

	richtig	falsch
Lenas Freundin heißt Lara.		X
Ben sitzt auf der Rutsche.	X	
Ben hat blonde Haare.		X
Der Ball ist weiß.		X
Die Kinder spielen im Garten.		X
Ben trägt eine blaue Hose.	X	
Anna sitzt auf der Schaukel.	X	
Ben hat einen schwarzen Pullover.		X
Das Wetter ist schön.	X	
Die Sonne scheint nicht.		X
Lena hat blonde Haare.	X	
Der Spielplatz ist groß.		X

Aufgabe 3: individuelle Lösungen

Lösungen Seite 6 Im Zoo

Aufgabe 1: individuelle Lösungen

Aufgabe 2:

Tierart	Lebensraum
Kaninchen	Stall
Vogel	Käfig
Kuh	Weide
Hund	Hütte
Löwe	Gehege

Aufgabe 3: individuelle Lösungen

Lösungsbeispiel: Die Hühner schlafen nachts im Stall.

Lösungen Seite 7 Arzt

Aufgabe 1: individuelle Lösungen

Aufgabe 2:

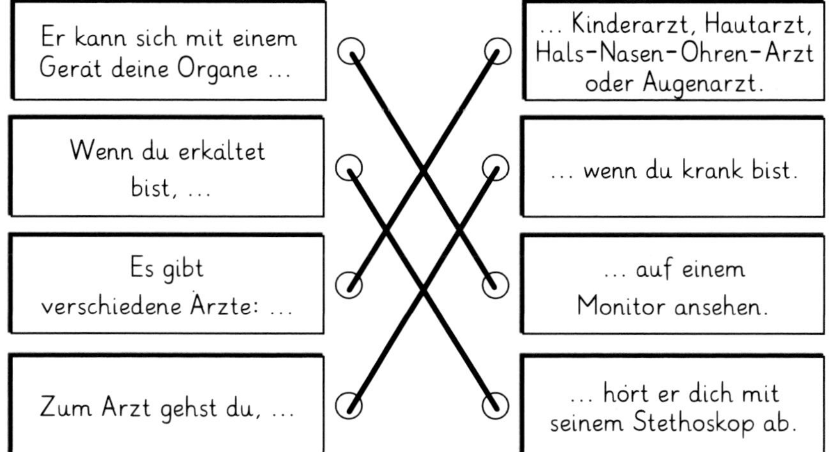

Aufgabe 3: individuelle Lösungen

Lösungen Seite 8 Supermarkt

Aufgabe 1: individuelle Lösungen

Aufgabe 2:

Brot

Käse

Kassiererin

Supermarkt

Joghurt

Aufgabe 3: Lösungsbeispiel:

Lebensmittel	sonstige Dinge
Butter, Brot, Zucker, Eier, Gemüse, Obst	Glühbirnen, Medikamente, Toilettenpapier, Waschmittel, Putzmittel

Lösungen Seite 9 Silvester

Aufgabe 1: individuelle Lösungen

Aufgabe 2:
Silvester
Angst
Feuerwerk
Jahr
Katzen
Dezember

Aufgabe 3: individuelle Lösungen

Lösungsbeispiel:
Tagsüber bereiten meine Eltern alles für die Feier am Abend vor.
Es kommen einige Freunde und Verwandte zu Besuch.
Gegen Abend kommt unser Besuch.
Es wird gesungen, Musik gehört und gelacht.
Um 24 Uhr stoßen wir mit Sekt und Kindersekt an.
Anschließend gehen wir nach draußen und zünden ein Feuerwerk.

Lösungen Seite 10 Bahnhof

Aufgabe 1: individuelle Lösungen

Aufgabe 2: In dem Text geht es um einen Bahnhof.

Die roten Züge sind oft langsamer.

Auf dem Bahnhof hängt oft eine große Uhr.

Aufgabe 3:
Zug
Uhr
Kiosk
Buch
Benzin
Bahnhof

Lösungen Seite 11 Advent

Aufgabe 1: individuelle Lösungen

Aufgabe 2:

Adventszeit
Adventskalender
Weihnachten
Kerze
Kranz
Sonntag
Schokolade

Aufgabe 3: individuelle Lösungen

Lösungsbeispiel:
Ja, wir feiern die Adventszeit. Meine Geschwister und ich haben alle einen Adventskalender, den wir jeden Morgen öffnen.

Lösungen Seite 12 Bäcker

Aufgabe 1: individuelle Lösungen

Aufgabe 2:

Eier
Schmalz
Butter
Salz
Safran
Mehl
Milch

Aufgabe 3: individuelle Lösungen

Beispiele:
Brot, Brötchen, Croissant, Torte, Kuchen, Kekse, Pita

Lösungen Seite 13 Fahrrad

Aufgabe 1: individuelle Lösungen

Aufgabe 2:

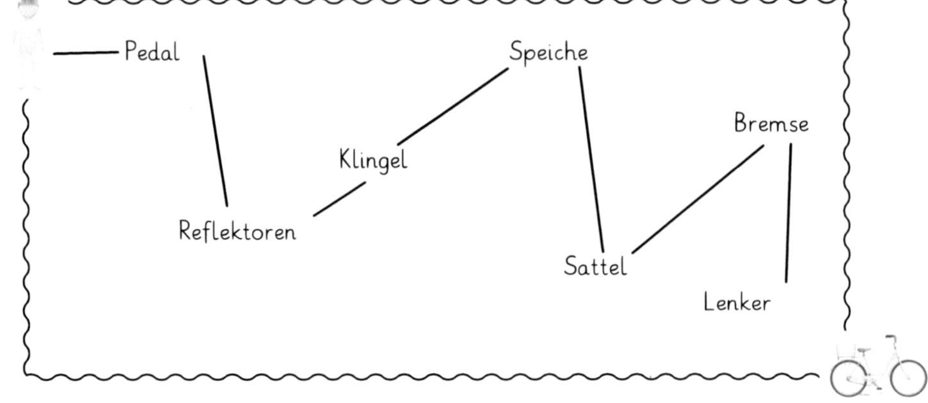

Aufgabe 3: individuelle Lösungen

Beispiel:
Fahrradpanne, Picknick, Regenschauer, Unfall

Lösungen Seite 14 Jahreszeiten

Aufgabe 1: individuelle Lösungen

Aufgabe 2:

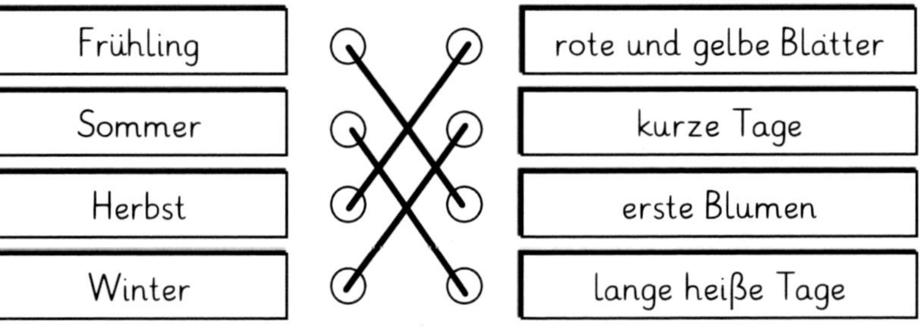

Aufgabe 3: individuelle Lösungen

Lösungen Seite 15 Feuerwehr

Aufgabe 1: individuelle Lösungen

Aufgabe 2: individuelle Lösungen

Lösungsbeispiel:

Wenn es brennt, bei Unfällen oder Überschwemmungen hilft der Feuerwehrmann.

Er löscht Brände, rettet Menschen und Tiere und unterstützt Rettungsmaßnahmen.

Aufgabe 3: individuelle Lösungen

Lösungen Seite 16 Buchdruck

Aufgabe 1: individuelle Lösungen

Aufgabe 2:

1. Johannes Gutenberg erfand den Buchdruck.
2. Früher schrieben die Menschen alle Bücher mit der Hand ab.
3. Als erstes druckte Gutenberg eine Bibel.

Aufgabe 3: Johannes Gutenberg erfand den Buchdruck.

Früher waren viele Schreiber in den Klöstern mit dem Abschreiben beschäftigt.

Bis heute gilt als meist gedrucktes Buch die Bibel.

Lösungen Seite 17 Bäume

Aufgabe 1: individuelle Lösungen

Aufgabe 2:

Nadelbaum	Laubbaum
Tanne	Kirschbaum
Eibe	Eiche
Kiefer	Apfelbaum
Fichte	Birke
Zeder	

Aufgabe 3: individuelle Lösungen

Lösungen Seite 18 Bauernhof

Aufgabe 1: individuelle Lösungen

Aufgabe 2: individuelle Lösungen

z. B.
Hühner
Kühe
Schweine
Gänse

Aufgabe 3: individuelle Lösungen

z. B.
Er muss ...
- die Kühe melken.
- die Schweine füttern.
- das Feld bearbeiten.

Lösungen Seite 19 Lehrer

Aufgabe 1: Lösungsbeispiel:

Ein Lehrer sollte nett sein und nicht viel schimpfen.
Er sollte gerecht sein. Er sollte Dinge in Ruhe erklären.

Aufgabe 2: individuelle Lösungen

Beispiel:

Der Lehrer steht an einem Pult.
Die Kinder stehen. Es gibt keine Schulmöbel.

Aufgabe 3: individuelle Lösungen

Lösungen Seite 20 Busfahrt

Aufgabe 1: individuelle Lösungen

Aufgabe 2:

	Fahrer	= Busfahrer
	Reise	= Busreise
Bus	Fahrt	= Busfahrt
	Haltestelle	= Bushaltestelle
	Linie	= Buslinie

Aufgabe 3: individuelle Lösungen

Beispiele:

Der Busfahrer ist sehr freundlich.
Wir machen eine Busreise.
Die Busfahrt war sehr schön.
Die Bushaltestelle liegt mitten im Ort.
Ich fahre mit der Buslinie 44.

KOHL VERLAG Ganz einfache Lesetexte für Erstleser & DaZ-Kinder – Bestell-Nr. 12 140

Lösungen Seite 21 Rufus, das Raubtier

Aufgabe 1: individuelle Lösungen

Aufgabe 2:
a) So heißt der Hund in der Geschichte: RUFUS.
b) Lilly ist eine KATZE.
c) Hunde und Katzen sind RAUBTIERE.

Aufgabe 3:
Mund – Maul
Schnauze – Nase
Füße – Pfoten
Haare – Fell
Fingernägel – Krallen

Lösungen Seite 22 Schule

Aufgabe 1: individuelle Lösungen

Aufgabe 2: individuelle Lösungen

Beispiel:
Unsere Schule ist groß.
In unserer Schule gibt es eine Schulküche.
Der Hausmeister unserer Schule ist sehr hilfsbereit.

Aufgabe 3:

	JA	NEIN
Es gibt verschiedene Schulen.	X	
In die Realschule geht man noch 6 Jahre nach der Grundschule.	X	
Ein Hausmeister kocht das Essen in der Schulküche.		X

Lösungen Seite 23 Tomatenaufzucht

Aufgabe 1: individuelle Lösungen

Aufgabe 2:

	Richtig	Falsch
Tomatenpflanzen kommen in fünf Tagen.		X
Die Pflanzen kannst du schon im März in den Garten setzen.		X
Aus den Blüten entwickeln sich die Tomaten.	X	

Aufgabe 3: individuelle Lösungen

Lösungen Seite 24 Weihnachten

Aufgabe 1: individuelle Lösungen

Aufgabe 2:

	JA	NEIN
Am 6. Dezember ist Heiliger Abend.		X
Zu Weihnachten gibt es Geschenke für die Kinder.	X	
Es gibt einen 1. und einen 2. Weihnachtsfeiertag.	X	

Aufgabe 3: individuelle Lösungen

Lösungen Seite 25 Katzen

Aufgabe 1: individuelle Lösungen

Aufgabe 2:

	JA	NEIN
Katzen stammen von den Löwen und Tigern ab.	X	
Katzen können im Dunkeln sehr gut sehen.	X	
Katzen werden etwa 5 Jahre alt.		X

Aufgabe 3: individuelle Lösungen

Lösungen Seite 26 Pfannkuchen

Aufgabe 1: individuelle Lösungen

Aufgabe 2:

	JA	NEIN
Für den Teig brauchen wir 3 Teelöffel Salz.		X
In den Teig muss Öl.	X	
Der Teig wird von beiden Seiten gebacken bis er goldbraun ist.	X	

Aufgabe 3: individuelle Lösungen

Lösungen Seite 27 Auto

Aufgabe 1: individuelle Lösungen

Aufgabe 2:

	Richtig	Falsch
Wer ein Auto fahren will, muss in die Fahrschule gehen.	X	
Die ersten Autos waren schnell.		X
Das erste Automobil mit einem Benzinmotor baute man 1886.	X	

Aufgabe 3: individuelle Lösungen

Lösungen Seite 28 Flughafen

Aufgabe 1: individuelle Lösungen

Aufgabe 2:

	Richtig	Falsch
Der Flughafen Frankfurt am Main ist der kleinste in Deutschland.		X
Auf dem Flughafen Frankfurt am Main arbeiten 100 Menschen.		X
In der Nacht dürfen keine Flieger landen oder starten.	X	

Aufgabe 3: individuelle Lösungen

Lösungen Seite 29 Bienenhonig

Aufgabe 1: individuelle Lösungen

Aufgabe 2:

	JA	NEIN
Es gibt verschiedene Honigsorten.	X	
Bienen sammeln Nektar.	X	
Der Honig fließt beim Schleudern aus den Waben.	X	

Aufgabe 3: individuelle Lösungen

Beispiel:

Kerzen

Wachsfiguren

Bonbons

Lösungen Seite 30 Der Verkehrspolizist

Aufgabe 1: individuelle Lösungen

Aufgabe 2: BUS, FAHRRAD, AUTO, LASTWAGEN, WOHNMOBIL, MOPED

Aufgabe 3: individuelle Lösungen

Lösungsbeispiel:

Heute passierte an einer Kreuzung ein schwerer Unfall. Die Verletzten standen unter Schock.

Viele Autos fuhren hupend an dem Unfall vorbei, obwohl wir Polizisten den Verkehr regelten.

Lösungen Seite 31 Endlich Urlaub!

Aufgabe 1: individuelle Lösungen

Aufgabe 2: individuelle Lösungen

Lösungsbeispiel:

Ich würde meinen Urlaub gerne in den Niederlanden verbringen. Dort gibt es viele schöne Radwege.

Aufgabe 3: individuelle Lösungen

Beispiele:

In den Weihnachtsferien verreisen wir nach Mallorca.

Mama, Papa und ich fliegen mit dem Flugzeug über die Berge.

Auf dem Flug kann ich erkennen, wie viel Schnee auf den Bergen liegt.

In Mallorca verbringen wir einen schönen Urlaub.

Das werden bestimmt ganz tolle Weihnachtsferien.

Lösungen Seite 32 Bank

Aufgabe 1: individuelle Lösungen

Aufgabe 2: individuelle Lösungen

Beispiel:

Auto

Fernseher

Urlaub

Aufgabe 3: individuelle Lösungen

Lösungsbeispiel:

Ich spare zur Zeit für einen Besuch im Freizeitpark, weil meine Freundinnen alle dorthin dürfen.

Lösungen Seite 33 Radio

Aufgabe 1: individuelle Lösungen

Aufgabe 2:

	Moderator	= Radiomoderator
	Sender	= Radiosender
Radio +	Sendung	= Radiosendung
	Werbung	= Radiowerbung
	Programm	= Radioprogramm

Aufgabe 3: Lösungsbeispiel:

Ich möchte gerne ein Gespräch mit … führen, weil …
Ich stelle ihm / ihr folgende Fragen: (individuelle Lösungen)

Bildnachweise:

KOHL VERLAG Ganz einfache Lesetexte für Erstleser & DaZ-Kinder – Bestell-Nr. 12 140